Manuel

des

CHANDELLIER,

PAR P.-L. PROSPER.

PRIX : 10 F.

PARIS,

CHEZ L'AUTEUR, RUE DES TROIS-FRÈRES, N° 17,

ET CHEZ TOUS LES LIBRAIRES.

1826.

MANUEL

DU CHANDELIER.

MANUEL
DU CHANDELIER,

ET

NOUVELLE MÉTHODE CHIMIQUE TRÈS-FACILE POUR RAFFINER ET DÉPURER LE SUIF ET FAIRE LA CHANDELLE AVEC PERFECTION ET ÉCONOMIE, A L'USAGE DES GRANDES MANUFACTURES COMME A CELUI DES ÉPICIERS ET DES PETITS MÉNAGES;

PAR P.-L. PROSPER,

Ancien Directeur des Bains médicinaux de l'Hôpital Saint-Louis, élève de l'École de Médecine de Paris, Fabricant d'Eaux minérales, Auteur des nouveaux Bains d'eau anti-phlogistique, etc., etc.

De leur état terreux, de leur putridité,
On purge les chandelles pour la salubrité;
Pour soulager les yeux, fortifier la vue,
Éclairer les travaux et l'étude assidue.

PARIS,

CHEZ L'AUTEUR, RUE DES TROIS-FRÈRES, N° 17,
CHAUSSÉE D'ANTIN;

ET CHEZ LES LIBRAIRES DE FRANCE ET DE L'ÉTRANGER.

1826.

Ayant rempli les formalités voulues par la loi, je déclare que je poursuivrai les contrefacteurs du présent ouvrage.

Tous les exemplaires seront revêtus de ma signature.

DE L'IMPRIMERIE DE DAVID,
BOULEVART POISSONNIÈRE, N° 6.

MANUEL
DU CHANDELIER.

CONSIDÉRATIONS GÉNÉRALES.

—

Dans l'état actuel des connaissances acquises, l'art du chandelier est un des plus en retard, sous le rapport chimique. Sans doute ce retardement peut provenir de ce que la chimie, qui a tant fait pour les règnes minéral et végétal, ne s'est presque point occupé du règne animal. L'étude du règne minéral est la plus facile, celle du règne végétal la plus agréable et surtout la plus utile ; mais pour celle du règne animal, elle est hérissée de dégoûts et de dangers, et n'est pas d'une utilité assez grande pour compenser l'homme du prix de ses soins. Voilà, je pense, pourquoi la chimie animale est encore si peu étudiée.

La chandelle ordinaire, qui se débite chez

toutes les nations, est on ne peut pas plus défectueuse : grasse au toucher, elle fond et se brise aussitôt que l'atmosphère, dans les régions tempérées, atteint le haut degré de sa température; une odeur fétide l'accompagne, pendant plusieurs années, et ne la quitte que pour la laisser dans un état d'altération qui la fait ressembler à du savon : c'est l'oxigène qui a détruit les parties muqueuses et gélatineuses, qui y étaient étendues; alors elle coule constamment, ne fait guère plus clair, mais elle devient plus blanche et présente çà et là des marbrures jaunâtres. Dans tous les lieux où l'on dépose cette chandelle il règne une odeur gélatineuse, nauséeuse, très-fétide, qui affecte désagréablement l'odorat et nuit à la santé.

L'état mou et graisseux du suif rend l'extraction des chandelles hors des moules, très-difficile et oblige les chandeliers à s'enterrer dans la profondeur des caves, pour travailler pendant les plus belles saisons de l'année. L'humidité et la vapeur de ces ateliers nuisent à la santé des hommes qui exercent cette profession utile ; souvent même on est obligé de tremper les moules dans de l'eau très-chaude, pour détacher les chandelles qui en sortent farineuses et dégradées.

Plusieurs chandeliers ont essayé de durcir et de colorer le suif, par l'introduction de l'alun, du vitriol bleu, du sulfate de zinc et de plomb, de l'azur, de la chaux et de plusieurs autres oxide et carbonates minéraux. Toutes ces additions n'ont servi qu'à produire une chandelle défectueuse, ne fournissant qu'un médiocre volume de lumière, et ayant toujours l'inconvénient de couler. Les additions de cire et de blanc de baleine n'ont pas eu plus de succès. D'autres ont essayé de donner du lustre (le filet) à l'aide d'un peu d'eau; ces tâtonages ne pouvaient rien produire qui relevât l'art du fabricant de chandelles à la hauteur où son utilité l'appelle.

La plus belle de toutes les couleurs c'est l'absence totale de toute couleur, c'est-à-dire le *blanc*. Ainsi la belle chandelle n'a pas besoin d'être colorée. D'ailleurs une couleur quelconque est toujours un diminutif de lumière, et n'est propre qu'à masquer la défectuosité d'une chandelle de qualité inférieure.

Ce sont sans doute tous ces inconvéniens qui éloignent beaucoup d'épiciers du soin de faire eux-mêmes la chandelle, dont ils ont un assez

grand débit, tandis qu'on voit leur génie actif
s'exercer sur maint autres articles, moins impor-
tans pour la prospérité de leur commerce. Il fallait donc de suite leur applanir la route.

Ce travail intéresse toutes les nations ; d'ailleurs, sous un roi doux, affable et aimable comme
Charles le Bien-Aimé, qui ne concourrait pas pour
ennoblir les arts dans notre belle France ! On
connaît la haute et savante protection que mon-
seigneur le Dauphin accorde partout à l'industrie
comme à l'humanité et aux mœurs ; et ce jeune
prince, dans le berceau duquel les destinées du
monde sont venues se balancer et présager les
douceurs d'un heureux avenir, sont de puissans
encouragemens pour les artistes.

Cependant nous n'avons pas l'intention de
donner à cet écrit une étendue bien grande : le
respect qu'on doit à ses lecteurs oblige à ne leur
parler que du strict nécessaire, et à ne donner
comme siennes que les propositions et observations qui sont réellement le résultat de notre
travail. De tous les auteurs, dit le profond
Montesquieu, il n'y en a point que je méprise
plus que les compilateurs, qui vont de tous les

côtés chercher des lambeaux des ouvrages des autres, et font entrerleurs lecteurs , à demi-morts , dans une matière noyée au milieu d'une mer de paroles. En effet , on doit se faire une bibliothèque pour l'utilité , et non pas pour le aste ; quand un livre est bon, on peut le dispenser d'être gros.

Non-seulement nous donnons ici un bon procédé de dépuration du suif , par analyse , mais encore en faisant servir les diverses connaissances qui ont été empruntées à plusieurs arts , à plusieurs sciences , on enrichit l'art du chandelier de plusieurs bons procédés , dont il retire de l'économie , de l'utilité et de l'agrément.

Un bon système d'éclairage est une si grande jouissance pour toutes les classes de citoyens ; l'organe de la vue est si délicat, que je considère ce travail comme un des plus urgens de ceux que j'ai entrepris.

Sans doute l'huile et le gaz hydrogène carboné sont d'une grande ressource , mais ils ne peuvent convenir pour l'*intérieur* des habitations , ni pour le service individuel et mobile de la marine et des armées , les bains , les mines , les fabriques , l'étude et le foyer domestique.

Avant que de procéder à l'opération du raffi-

nage , nous ferons un examen analytique et inau-
gural de chacune des choses qui doivent y con-
tribuer , afin de familiariser le fabricant de chandelles , avec ce qu'il en doit connaître. C'est
ainsi que la chimie ; la graisse , le suif , l'eau ;
l'analyse chimique , la crême de tartre , l'acide
boracique formeront des articles séparés. Ensuite,
nous décrirons les conditions les plus essentielles
que doivent présenter le laboratoire, le fourneau,
la chaudière et les ustensiles ; après quoi la théo-
rie du raffinage sera décrite de manière à servir
de règle de comparaison, soit pour des opérations
plus en grand pour les grosses fabriques , ou plus
en petit pour la consommation d'un ménage.

La confection des mèches à chandelles avait
aussi besoin d'une réforme et d'une amélioration,
pour donner plus de lumière , et épargner l'em-
barras des mouchettes.

Ayant appris , dans ma première jeunesse , l'art
de faire les chandelles plongées et aux moules,
j'essaierai , dans la dernière partie de ce livre ,
d'en transmettre les principes les plus essentiels.
Je pense qu'ils seront adoptés pour l'amélioration
de nos manufactures ; et nul doute que l'économe
et la mère de famille ne les trouvent d'une facile
exécution.

CHIMIE.

La connaissance de l'action que tous les corps exercent les uns sur les autres, a reçu le nom de chimie. Ce mot est tiré de la langue grecque, dans laquelle il signifie *état de fusion des liquides*. Il n'existe personne qui n'ait, à son inçu, des connaissances chimiques, parce que la chimie entre dans tous les arts et dans la plupart des sciences. Si sa nomenclature était moins verastile et moins barbare, son étude serait la jouissance de toutes les classes de la société. Ce que nous avons à traiter ici appartient à la chimie animale. Nous avons borné notre dissertation aux choses nécessaires et possibles, et on ne doit pas rendre nécessaire tout ce qui est possible, car ce serait tomber dans l'alchimie ou l'extravagance, qui cause encore beaucoup de mal aux hommes, les conduit aux crimes, à la misère, à la mort.

De grandes puissances chimiques ont été mises

en œuvre pour opérer le raffinage du suif ; ce sont : l'eau, la chaleur, les sels réactifs, l'analyse, le repos ou les précipités.

DE LA GRAISSE.

LE mouton et le bœuf sont les deux espèces d'animaux dont la graisse soit employée pour faire des chandelles.

On débarrasse cette graisse de ses enveloppes ou membranes, par une opération qu'on appelle *fonte en branche*. On doit faire cette fonte régulièrement toutes les semaines, afin que la graisse n'éprouve point d'altération.

On hache là graisse très-menue, à l'aide d'un couteau fixé à un anneau, par le moyen d'un crochet qui est à sa pointe.

Il ne faut jamais mettre d'eau pour opérer la fonte en branche : elle doit s'effectuer avec *ré-*

gularité et lenteur, sur un feu très-modéré. Au fur et à mesure que la graisse fond , on la coule sur un tamis , et l'on en ajoute de nouvelle successivement jusqu'à la fin. Le liquide qu'on obtient, porte le nom de *suif fondu ou suif en pain*. On la met réfroidir et figer dans des tinettes ou des jattes.

Dans cette opération , on doit conduire le feu avec une extrême modération , et avoir soin de remuer *constamment* au fond de la chaudière , avec une large *spatule de bois*, pour empêcher les membranes adipeuses de brûler , ce qui ne manquerait point de *roussir* le suif.

Quand toute la graisse est à peu près rendue par le retirement de ces membranes , et avant qu'elles aient acquis de la rousseur, on les retire de la chaudière , pour les placer toutes chaudes dans un sac de grosse toile claire et les soumettre à la presse ; si le suif qui en découle paraît défectueux , il ne faut pas le mettre avec l'autre , mais le destiner à graisser des cuirs pour les corroyeurs.

Quant aux membranes restées dans le sac, elles

servent à faire du feu. Cependant si elles étaient pilées et bouillies dans de l'eau, on en retirerait un peu de graisse commune, bonne pour faire des lampions.

La chaudière de raffinage peut servir à la fonte en branche. Le suif coule par le *trop plein* à mesure qu'il fond.

Les chandeliers feraient bien de retirer chaque semaine la graisse en branche des mains des bouchers pour la fondre eux-mêmes et la convertir en suif fondu, et, mieux encore, en chandelles.

Il y a des épiciers qui, pour cela, font avec les bouchers un prix d'abonnement annuel et fixe.

Les personnes qui font profession de *fondeur de suif* doivent s'abstenir d'y introduire des graisses de porc, de veau, de cheval, d'os, etc., etc., attendu que cette supercherie serait capable de perdre leur état et même de le faire supprimer tout à fait.

Dans un ouvrage très-considérable et nouvellement publié (le *Nouveau Dictionnaire des*

(11)

Sciences naturelles, tome XIII, page 395), nous y avons lu : « *On fait macérer les vieux che-vaux de Paris pour en faire des chandelles.* » Si cet article n'était signé d'un nom qui commande la confiance et que la France honore, M. *Virey*, il serait permis d'en douter.

D'après le témoignage de M. *Virey*, il ne faut plus demander pourquoi la chandelle brute que vendent les épiciers exhale cette puanteur de charogne. Voilà où conduit l'avarice ! Voilà comme on anéantit une des branches les plus utiles du commerce !

A la vérité, *Fourcroy* a donné l'idée de convertir ainsi la chair des cadavres en suif qu'il nomme *adipocire*. Je sais qu'en Angleterre on fait des gentillesses encore plus belles : il est donné à l'homme d'abuser de tout, même des sciences les plus exactes.

SUIF.

—

Le suif en pains, c'est-à-dire dans l'état où il est en sortant des mains des fondeurs, est une masse *hétérogène* d'une teinte citronnée et terne, d'une odeur fétide et désagréable. Ce suif contient en diverses proportions les corps ci-après :

De l'éla-ïne;

De la stéarine ;

De la gélatine ;

De l'albumine ;

Des sels alcalins et terreux ;

Une matière terreuse inerte à laquelle on a donné le nom de matière sébacée.

La graisse de bœuf et de mouton, dégagée de ses membranes adipenses, est composée principalement de deux corps, assez différens par leurs propriétés physiques et chimiques; l'un a reçu le nom de *stéarine*, c'est le plus dur, le plus rare et le plus propre à produire la lumière; l'autre, plus fluide, un peu plus coloré, ayant

(13)

moins de fadeur, s'appelle *éla-ïne* (1) ; il sert de
véhicule à la stéarine et donne, ce me semble,
lieu à la concrétion de cette dernière qui se présente sous la forme granuleuse.

L'élaïne est la partie la moins pure ; c'est elle
qui tient en suspension la gélatine, la matière
sébacée, et tous les principes colorans et salins.

L'éla-ïne fond à 15 degrés de chaleur, tandis
qu'il en faut de 24 à 30 pour liquéfier la stéarine.

Le but que nous nous sommes proposé dans le
raffinage a été non-seulement l'expulsion des
corps impropres à produire de la lumière, mais
encore on a tâché de combiner, autant que possible, la stéarine avec l'éla-ïne, et c'est à quoi
on est parvenu quand le suif raffiné a acquis plus
de dureté et que sa cassure ne présente plus que
que de l'homogénéité. Ce sont là les résultats de
l'action de la chaleur, de l'eau et des sels réactifs agissant d'une manière convenable.

-----

(1) On a découpé le mot *éla-ïne* par un trait d'union,
parce qu'il se trouve des personnes qui ignorent comment
se prononcent ces sortes de mots.

(14)

La gélatine provient des lames adipeuses et
celluleuses dans lesquelles la graisse et la lymphe
sont renfermées dans les diverses régions que ces
fluides occupent dans les animaux; les sels sont
le résultat du dessèchement de la lymphe et de
la sérosité qui circulent dans tout le tissu cellu-
laire où se réfugie la graisse, et la matière terreuse, résultant des résidus de la nutrition, est
cette crasse épidermoïque qu'on remarque dans
les poils des animaux quand on les étrille, mais
qui n'était point encore exhalée par les pores de
la peau à l'instant où l'animal fut tué.

Nous disons donc que cette matière terreuse,
ces sels, cette gélatine, etc., n'étant point sus-
ceptibles de se combiner avec l'air pour produire
de la lumière, restent sous la forme de charbon,
ce qui est aisé de reconnaître sur la mouchure de
chandelle qui est aujourd'hui fort abondante dans
les chandelles non raffinées.

Dès lors, nous devons donner ici des moyens
chimiques pour soustraire ces corps étrangers au
suif : c'est ce qui nous sera très-facile. De plus,
par le même procédé de leur expulsion, nous
donnons au suif une forte attraction pour l'oxigène,

de sorte que les chandelles, après avoir été faites, attirent fortement ce fluide vital et le dévorent encore davantage lorsqu'elles sont alumées.

Dans la chandelle brute, la transparence sous le lumignon n'est que de trois à quatre lignes environ ; dans la raffinée, elle descend trois fois plus bas. Dans celle-là, un petit calice de suif fondu est toujours prêt à couler pour peu qu'on penche le flambeau ; dans celle-ci, au contraire, il n'y a jamais de suif fondu sous le lumignon, car la densité ne lui permet de fondre que ce qui est nécessaire pour alimenter le flot de lumière qu'elle entretient.

La chandelle commune adhère beaucoup et long-temps dans les moules ; la raffinée exige beaucoup moins de temps pour se séparer de l'étain. Elles durent toutes deux autant l'une que l'autre, ou à peu près ; mais la raffinée, à mérite égal d'ailleurs, répand une plus belle lumière, lumière qui peut le disputer à la plus belle bougie, et qui a la blancheur de celle du gaz hydrogène charbonné, dont on fait usage à Paris et à Londres.

On conçoit en effet que le suif étant débar-
rassé par le lavage à l'*eau bouillante*, et par la
combinaison, des *sels réacteurs et analytiques*,
il en résulte une huile concrète de la pureté la
plus parfaite, capable d'être brûlée sans produire de charbon, du moins d'une manière aussi
notable que dans le suif non dépuré, non rafiné.
C'est ainsi que dans les arts il faut diviser pour
connaître, et qu'il faut réunir pour produire.

Dans les traités concernant les secrets des arts
et métiers, on trouve divers procédés : plusieurs
chandeliers en possèdent d'autres dissemblables.
J'ai essayé ceux qui m'ont paru les moins impro-
bables; mais aucun n'a pu fournir un raffinage
complet. Ce ne fut qu'après de nombreuses ex-
périences, toujours très-dispendieuses, et bien
des recherches, que je suis parvenu à former un
bon système de dépuration, assez simple pour
être exécuté par toutes sortes de personnes.

Ici c'est par voie de *solution analytique* que
la gélatine est enlevée du suif, l'eau ayant avec
elle une affinité plus grande que n'en avait le
suif, elle abandonne celui-ci, et reste dissoute
dans l'autre véhicule, où elle est facile à recon-

naître à la puanteur que cette eau acquiert au bout de quelques jours qu'on a fait un raffinage. Toutes les matières albumineuses, sébacées et terreuses sont enlevées par l'écumoire, ou déposées au fond du vase, dans l'eau acidulée et saline, qui les entraîne avec elle, après les avoir suroxidées.

DE L'EAU.

DE toutes les substances il n'y en a point de plus intéressante à connaître que l'*eau* : elle est une des plus grandes puissances de la nature ; elle est huit cent cinquante fois plus pesante que l'air. Après la chaleur, l'eau est le plus énergique dissolvant. Long-temps on l'a cru simple et élémentaire : Newton, le premier, douta de cette simplicité ; et plus tard, notre illustre et infortuné Lavoisier démontra les combinaisons de cet intéressant fluide, qui sont : quatre-vingt-cin parties d'oxigène, et quinze parties d'hydrogè-ne, sur cent, en poids.

L'eau qu'on emploiera pour le raffinage du suif doit avoir les qualités suivantes : claire et limpide ; sans odeur, sans couleur ; fraîche et pénétrante ; bien cuire les légumes , et surtout bien dissoudre le savon, sans le cailleboter, comme font les eaux dures.

A Paris , l'eau des puits, et celle du canal de l'Ourcq ne sont pas bonnes pour raffiner ni pour baigner ; elles dépeuplent la terre.

L'eau de bonne qualité mouille tous les corps , et les traverse entièrement ; cependant *elle ne dissout point un atóme de graisse.* Aussi dans le raffinage du suif , ce n'est que sur les corps étrangers à la graisse que l'on dirige l'action de l'eau bouillante, d'où il résulte que cette importante opération ne fait de déchet que pour les corps carboneux , ce qui se borne à très-peu de choses. D'ailleurs, les déchets varient dans le suif, selon l'âge et le tempéramment des animaux, et selon la manière dont ils ont été nourris, conditions essentielles, que je démontrerai bientôt dans un autre ouvrage sur le génie de l'agriculture. Toutefois les fabricans de chandelles doivent s'étudier à bien connaître les qualités de la graisse en branche ou en pain , pour ne payer que sa juste valeur, et repousser la fraude.

DE L'ANALYSE.

—

C'est encore à la langue grecque que les Latins et les Français ont emprunté le mot *analyse*, qui signifie *décomposition*.

Dans l'analyse chimique que nous proposons, il y a évidemment séparation de certains principes que nous avons cités dans l'article *suif*. Cette analyse s'opère à l'aide de la chaleur et des intermèdes, qui sont l'eau, l'acide boracique, et la crême de tartre : elle s'opère encore par précipitation, les écumes, et le dépôt ou résidu.

L'analyse est le moyen le plus facile pour faire arriver rapidement les arts au plus haut degré de perfection ; et c'est avec Condillac qu'on apprend à manier ce puissant lévier de la raison humaine. Nous voyons de toutes parts la terre se dépeupler ; pourtant, un simple raisonnement analytique pourrait dessiller les yeux, et faire bannir ces systèmes homicides, pour faire place à la saine et simple raison.

CRÊME DE TARTRE.

On retire du tartre brut ou sel de raisins, par décoction, un sel plus pur, qu'on nomme *crême de tartre*; mais ce sel, très-bon pour clarifier le suif, est cependant peu ou point soluble dans l'eau; ce n'est qu'à l'aide de l'acide boracique qu'on parvient à le fondre. Il est vrai aussi que l'acide boracique dont il va être parlé m'a paru être aussi nécessaire au raffinage du suif que la crême de tartre. Ainsi, j'avais donc un double motif de les réunir, pour éliminer les corps étrangers au suif.

La crême de tartre qu'on emploiera pour cette opération, doit être bien blanche, bien purifiée et mise en poudre fine.

La crême de tartre est formée, d'après *Fourcroy*, *Vauquelin* et *Lavoisier*, de :
90 De tartrate acidule de potasse;

8 De tartrate de chaux;
1 De silice;
1 D'alumine de fer de manganèse sur 100.

On en trouvera dans notre dépôt à Paris, au prix de 1 fr. 50 cent. la livre.

DE L'ACIDE BORACIQUE,

ou

SEL SÉDATIF DE HOMBERG.

C'EST le sort de toutes les sciences les plus utiles à l'homme que d'être en proie à la vacillation des noms. Il n'y a pas plus de cent vingt-sept ans que ce sel a été découvert par Homberg, qu'il a déjà reçu les noms de :

Sel sédatif de Homberg;
Sel boracique;
Acide borique;
Bore oxigéné, etc.

On rencontre l'acide boracique, tout formé,

dans quelques lacs des Indes, de la Toscane et de l'Italie, où il se trouve combiné avec de la soude, et dont on le sépare par des procédés assez faciles, mais étrangers aux manipulations des épiciers-chandeliers.

Si l'acide boracique est sans action sur la graisse, ce que je suis loin de reconnaître, il n'en est pas de même sur les corps étrangers que la graisse tient en suspension ; il agit fortement sur chacun d'eux, leur cède une portion de son oxigène et les rend plus facilement séparables d'avec la graisse qui leur servait de véhicule ; dès lors les uns deviennent plus solubles dans l'eau, les autres acquièrent plus de densité et de pesanteur, et se précipitent au fond du vase dépuratoire.

Cet acide pèse une fois et demie le poids de l'eau, il se présente sous la forme de paillettes blanches, reluisantes, nacrées ; il faut le mettre en poudre et ne le dissoudre que dans l'eau bouillante, comme nous le dirons à l'article du raffinage.

On trouvera de l'acide boracique à mon dépôt, à Paris, rue des Trois-Frères, n° 17, au prix de

8 fr. la livre. Il n'est pas susceptible de s'altérer
par le temps, ni la crème de tartre non plus.

LABORATOIRE.

Le laboratoire du raffinage peut être établi
dans une cave, ou dans quelque petite cahute
séparée de l'habitation, afin d'y être plus tran-
quille et de retenir davantage, comme propriété
de famille, les procédés que j'indique ici, et ceux
que chacun par son expérience y ajoutera encore.

D'ailleurs un chandelier ou épicier, qui aime à
procéder avec ordre et méthode, ne doit point
conférer légèrement et indiscrètement les parties
les plus essentielles de son état à des commis,
dont on est rarement rassuré sur l'avenir.

D'un autre côté, on ne saurait trop se mettre
en garde contre les dangers d'incendie ; ainsi le
parti le plus prudent est d'isoler les laboratoires
des magasins, et réciproquement. C'est en suppo-

sant la possibilité des événemens qu'on peut tout prévoir et même s'en garantir toujours.

Un laboratoire sûr et commode ainsi qu'un cabinet sont des choses indispensables à un bon administrateur.

FOURNEAU.

Au fond de la pièce, destinée au laboratoire du raffinage, on fait construire en *brique*, un fourneau destiné à recevoir la chaudière ; on tâche, autant que possible, de le placer dans un angle rentrant, et si c'est dans une cave, ou dans un bâtiment construit en maçonnerie, on fait servir les deux faces de cet angle à la confection d'un canal ou cheminée, par où l'on dévoiera la fumée du fourneau ; si c'est dans une cave on continuera ce canal avec des tuyaux, pour les faire sortir par le soupirail ou venelle, et le conduire, selon les localités, dans une cheminée voisine ou autrement.

Par la raison qu'il y a nécessité de soutirer le
suif raffiné et le transvaser dans d'autres vais-
seaux, on doit en établissant l'appareil, le disposer de manière que l'opération puisse s'exécu-
ter, en ayant le moins possible besoin du secours
des bras étrangers. C'est dans cette vue qu'il
convient d'élever le massif du fourneau aussi haut
que possible, afin que le fond de la chaudière
domine encore le dessus des cuves, dans lesquelles
on doit laisser écouler le suif raffiné. Par cette
disposition on n'aura point la peine de le dépo-
ter à bras, du moins dans les opérations en grand.

Ainsi, en supposant que la pièce ait douze
pieds d'élévation, voici comment on pourrait en
disposer : entre le bord supérieur de la chaudière, et la voûte ou le plafond, un
vide de . . . .   3 pieds.
   Hauteur de la chaudière.   5
   Hauteur du foyer..   1
   Profondeur du cendrier.   1
                                ————
Desssous du cendrier environ. . . $\left. \begin{array}{c} 10 \\ 2 \end{array} \right\}$ 12 p.

Le tuyau d'écoulement étant piqué à un pied

(26)

ou environ, au dessus du fond de la chaudière,
il en résulte que l'élévation sous ce tuyau ou sous
son robinet sera encore de quatre à cinq pieds.
Cet espace servira pour le mouvement des tinettes ou cuviers, etc.

Afin d'économiser les matériaux et la main-
d'œuvre en maçonnerie, et ménager des petits
espaces, on commence par élever quatre ou six
piliers, sur lesquels on met des barres de fer
pour supporter l'âtre du cendrier, et on continue
la construction de ce cendrier et du foyer. Au
haut de ce dernier, la maçonnerie doit rentrer
en dedans, pour présenter un massif circulaire,
sur lequel reposera la chaudière ; puis les parois
du fourneau se continuent en ménageant, dans
leur épaisseur, une cheminée circulaire et hori-
sontale. Enfin, ces parois du fourneau viennent
se terminer à six ou huit pouces au-dessous du
bord supérieur de la chaudière.

L'art du *Poëlier-fumiste* est aujourd'hui assez
avancé pour que nous nous dispensions d'entrer
dans des détails de pyrotechnie, (art de faire et
de conduire le feu) nous dirons seulement qu'il
faut à ce fourneau, 1° un tirage bien favorisé

par un tuyau étroit et très-prolongé , dont le calorique est concentré pour favoriser la course de
l'air qui veut s'équilibrer ; un foyer peu vaste,
dont la rayonnance détermine la vitesse.

2° Que la flamme ni la fumée ne puissent
trouver d'issues entre les parois de la chaudière,
et celles du fourneau ;

3° Que les portes du cendrier, du foyer et
des carneaux ferment si bien , qu'on puisse, en
tout temps, par leur clôture , étouffer le feu, ou
du moins le ralentir d'une manière très - pro-
noncée ;

4° Que dans le tuyau ou cheminée il y ait
une *soupape* qui ferme , au besoin , le courant ,
pour conserver la chaleur de la maçonnerie sous
la chaudière.

La construction doit être simple, mais propre ,
commode et élégante.
Autour des tuyaux on laisse du vide pour faci-
liter les réparations ou fuites, qui pourraient
survenir ; on ferme ces baies avec des pièces de
rapport.

CHAUDIÈRE.

La chaudière peut être en fer de fonte ; mais les meilleures, les plus sûres, celles dont on retire toujours plus de valeur enfin de service, sont celles de *cuivre rouge*.

Il n'est pas nécessaire de la faire étamer.

On peut adopter indifféremment les formes rondes ou carrées ; mais une chose essentielle, c'est que le fond soit *bombé en contre-haut*, c'est-à-dire, qu'il présente sa convexité, très-prononcée, en dedans de la chaudière ; et cela, pour plus de solidité, et pour le facile écoulement des résidus du raffinage et de la dépuration. De plus, un fond dont la convexité est en haut, dure plus long-temps, et favorise l'action du feu.

Pour les chaudières d'un petit volume, il vaut mieux braser les pièces que de les clouer.

Sa forme verticale est droite et perpendi-culaire.

L'ouverture sera de toute l'étendue du dia-mètre ; le bord supérieur sera tourné sur un fort cercle de fer rond, qui passera par-dessus l'ou-verture du trop-plain.

Cette chaudière présentera trois ouvertures ou issues pratiquées à l'un de ses côtés latéraux, le plus accessible, savoir :

1º Le trop-plain garni de sa *bavette* et de son conduit de décharge ;

2º Le gros tuyau de vidange pour l'écoule-ment du suif raffiné. Ce tuyau est assez long pour sortir jusqu'à six pouces hors de la maçonnerie du fourneau, puis il présente un robinet à tête, qui le ferme.

L'espace à laisser entre le fond et le tuyau de départ du suif raffiné, est du sixième de son élévation totale. Ainsi, si la chaudière avait six pieds de profondeur, ce serait à un pied qu'il faudrait placer ce tuyau ; cette proportion servira de comparaison pour les autres dimensions.

(3o)

La pente du tuyau qui partira de la chaudière sera divisée en deux, savoir : celledepuis la chaudière jusqu'au robinet de commande , reviendra vers la chaudière par une légère inclinaison ; après le robinet , la pente également en contrebas , jusqu'auprès du niveau de la hauteur des cuves dans lesquelles on coulera le suif raffiné. Cette précaution a pour objet qu'il ne puisse rester de suif figé dans ce conduit, ni d'eau dans le passage du suif dépuré.

3o Enfin , le tuyau de décharge , placé dans l'angle inférieur de la chaudière , ou à son fond , dans la partie la plus basse , pour l'écoulement des eaux lixivielles , des résidus , etc.

Ce tuyau est comme l'autre , prolongé hors de la maçonnerie , et est commandé par un robinet à tête.

Ces deux tuyaux se font en cuivre rouge brasé ;

Les robinets, en bon cuivre jaune , et à lévier.

En indiquant un robinet à tête pour la vidange

du suif raffiné, on suppose que la fabrication de la chandelle a lieu dans le laboratoire du raffinage ; mais si l'on veut faire écouler ce suif rafiné dans une pièce voisine, au lieu de robinet à tête, c'est un robinet à deux eaux qu'il faut placer près de la chaudière, puis un tuyau soudé à la suite, porte le suif dans le laboratoire aux chandelles, si ce laboratoire n'est pas plus élevé que celui du raffinage.

Toutefois la prudence, qui doit partout présider aux actions des hommes, nous a suggéré une précaution que chacun s'empressera d'adopter. Elle consiste à faire à la chaudière du raffinage une échancrure vers son bord supérieur, par où le liquide s'écoulerait, dans le cas où, pendant l'ébullition, il viendrait à monter trop haut.

Cette ouverture, pratiquée à quatre pouces du bord supérieur, présente un carré très-long, comme de six à douze pouces, selon la circonférence de la chaudière. A cette ouverture, qu'on appèle *trop-plain*, on fait souder une plaque de métal en forme de tablier, pour recevoir et conduire à l'écart le liquide qui s'épancherait par ce trop-plain, et le recevoir dans un vase placé tout exprès en cas d'événement, ce qui indique qu'il ne doit pas être en contact avec le feu ni la flamme.

Il ne faut pas craindre de donner une certaine épaisseur au cuivre qu'on emploie pour la confection des chaudières, et surtout pour le fond qui doit être de numéro double de celui des parties latérales.

On fait faire, pour couvrir la chaudière, un couvercle en planches, de six lignes, double, qui se croisent en sens opposés ; ce couvercle est nécessaire pour conserver la chaleur, dans le temps où le suif en repos laisse précipiter l'eau et les corps étrangers : pour cela, on emploie du bois de sapin ou d'accacia. Il faut mettre une couche de carton entre ces deux planches.

L'ouverture de tuyaux de vidange dans la chaudière, doit toujours être garnie de grillage, sorte de passoire à laquelle on a donné le nom de *crapaudine*.

Il faut mettre un grillage aussi au trop-plain,

lorsqu'on fond en branche ; mais ce grillage en
fil de fer ou de laiton peut et doit être placé à
volonté ; il sert à retenir les membranes adipeuses, qui se rendraient dans le suif fondu.

C'est un grand avantage que d'avoir des appareils qui fonctionnent d'eux-mêmes. La graisse la
plus chaude est celle qui occupe le dessus.

Une chose très-essentielle pour tout chef d'é-
tablissement, est d'avoir toujours en vue les dangers d'incendie, soit qu'ils viennent du dehors,
soit qu'ils naissent au dedans. Dès-lors, il doit
prendre toutes les précautions que sa prudenceet
son génie lui suggéreront. Si un accident arrive,
quel bonheur d'avoir prévu, ou quelle honte de
n'avoir su rien faire pour éviter une ruine, quelquefois couverte d'ignominie !
(Voyez fonte en branches.)

Salins, réduit en cendres, pleure et gémit
de misère : toujours présent en notre souvenir,
il implore nos secours, et nous recommande
plus de prudence.

La bienfaisance porte toujours bonheur.

DES USTENSILES.

L'arsenal d'un chandelier n'est pas fort compliqué, et peut se restreindre aux ustensiles ci-après :

Une plane, espèce d'outil de charron, pour hacher le suif en branche ;

Des paniers en osier ;

Une spatule en bois d'orme, pour remuer dans la chaudière ; un rateau de même bois ;

Un tamis en crin ;

Des tinettes, qu'on peut former avec des barils à huile ; tine ou caque ;

Des sacs de grosse toile claire ;

Une presse ;

(35)

Un thermomètre de Réaumur, dont l'échelle
en mercure porte cent degrés ;

Une grande écumoire ;

Des moules d'étain, des numéros 4, 6, 8 et
16 ; ces derniers sont pour les lanternes.

Des métiers, sortes de tables ou carcasses destinées à recevoir les moules ou les baguettes ;

Un taille-mèche ;

Une enfilette en fil de fer ;

Un pot ou couloir en fer blanc, pour couler
dans les moules ;

Un couteau de table en acier ;

Une bonne paire de ciseaux fins.

Pour les chandelles plongées ou à la baguette :

Un bassin en cuivre rouge étamé ;

Une forme, ou boîte de bois ;

Une braisière en fonte de fer;

Une grande cuiller à pot en fer blanc, ou cuivre jaune;

Deux potences en fer.

Tous ces ustensiles étant généralement adoptés et connus des ouvriers qui les fabriquent, il serait superflu d'en donner ici une plus ample description; l'essentiel est qu'ils soient bien et solidement faits, qu'ils soient toujours tenus dans la plus exacte propreté, car ils communiqueraient leur saleté aux chandelles.

Cependant, en démontrant la fabrication des chandelles, nous donnerons, en faveur des apprentis, les notions les plus importantes sur la conformation et sur l'usage de ces ustensiles. Au surplus, chacun peut les soumettre aux inspirations de son propre génie, et ne recevoir de lois que de l'expérience raisonnée.

RAFFINAGE ET DÉPURATION.

Tous les genres de combustibles sont bons pour faire du feu sous la chaudière de raffinage ; la seule remarque que nous devons faire faire est que ce feu soit modéré et régulier, et qu'on puisse facilement en modifier l'action, afin que l'opération du raffinage ne languisse point par sa lenteur et ne soit point précipitée par son action trop violente, car cette dernière brûlerait les écumes et les disséminerait dans la masse et altérerait la pureté du suif.

L'étude et la connaissance des propriétés générales de la chaleur sont les choses les plus importantes pour tout le genre humain. Le calorique est le plus grand artisan de la création divine, dont il émane ; présent partout, il donne la vie à tout, son absence est le néant.

Maintenant que nous avons successivement examiné tous les objets qui doivent être mis en

œuvre, nous pouvons procéder aux détails rela-
tifs au raffinage et à la dépuration du suif, destiné à faire des chandelles ou à être mêlé à la cire
blanche, pour faire de la bougie ou de savon.

Je prendrai pour terme de comparaison un
quintal de 5o kilog. ou cent livres de suif; cette
proportion servira pour tous autres calculs :

Suif en pain , cassé en morceaux, cent livres;

Crème de tartre en poudre, huit onces;

Acide boracique, en poudre, deux onces;

Eau, vingt pintes ou litres.

On met l'eau dans la chaudière, elle doit arriver jusqu'à un pouce et demie *au dessous* de
l'ouverture du tuyau; avec cette précaution jamais l'eau ne vient par ce tuyau.

On allume sous la chaudière un petit feu bien
clair.

Aussitôt que l'eau entre en ébullition, on y
jette successivement, d'abord l'acide boracique,
puis la crème de tartre; ces sels sont bientôt

dissous ; on y met fondre le suif, qui est coupé en morceaux gros comme le poing.

Le feu continue ; le suif fond ; les écumes se forment ; il faut les enlever, au fur et à mesure qu'elles viennent se coaguler à la surface du liquide, et les mettre égoûter sur un tamis et une jatte.

Pour faire remonter l'eau avec plus de facilité, il faudrait avoir un petit bout de planche, emmanchée au bout d'un bâton sous la forme d'un rateau, et avec lequel on agite de bas en haut.

Comme l'*eau lixivielle* pèse presque le double de la graisse, elle se précipite souvent au fond de la chaudière, il faut la faire remonter avec la spatulle de bois, ou un petit rateau en bois, par un coup de poignet qu'on donne de bas en haut, et *très-souvent répété*, afin que la lessive lave fréquemment le suif, provoque les écumes et précipite les matières sébacées, terreuses, etc.

Cette ébulition ou coction doit durer de 45 minutes à une heure, comptées du moment où l'ébullition a commencé.

Dès le commencement les écumes sont d'un gris sale comme de la boue , peu à peu elles arrivent plus blanches vers la fin ; on en excite la formation par la projection de quelques verrées d'eau froide , à deux ou trois reprises.

Les écumes ayant cessé , on finit par bien mêler et battre cette masse , puis on la couvre bien pour laisser former le dépôt de l'eau et des autres matières hétérogènes.

Le feu doit être éteint et les portes fermées , afin de conserver beaucoup de chaleur ; de cette manière le suif peut quelquefois rester en repos, pendant 6 à 8 heures ; raison pour laquelle on doit toujours commencer ce travail dès le matin.

Quand la chaleur du suif est descendue vers les 35e ou 40e degré de Réaumur, et qu'il paraît devoir bientôt crémer, il faut, sans plus tarder, le soutirer par le robinet du *milieu* et le conserver dans des *tinettes* très-propres , qu'on a soin de couvrir toujours pour éviter la poussière.

Il reste sur l'eau une nappe de suif d'environ deux pouces. Quand il est figé et durci , on l'enlève, on le lave et on le réserve pour entrer dans un autre raffinage. Ce reste de suif n'est pas convenable à faire des chandelles, et contient de l'eau qui les ferait crépiter ou claquer.

Ainsi, on remarquera qu'il est essentiel que l'eau employée soit toujours inférieure de 18 lignes sous le trou par où l'on soutire le suif rafiné. Du reste, la quantité d'eau qui est ici indiquée n'est pas rigoureuse ; on peut, selon la disposition de la chaudière, en mettre ou plus ou moins sans qu'il en résulte le moindre inconvénient : il ne faudrait cependant pas s'en écarter de plus d'un dixième.

Pour raffiner cent livres ou cinquante kilogrammes de suif, il faut une chaudière de la contenance d'un tiers de muid ou un hectolitre (100 pintes), parce que, outre la place qu'occupe le suif et l'eau, il faut encore un certain espace pour loger le liquide pendant l'ébullition où il se gonfle quelquefois prodigieusement.

Cependant, pour les opérations en grand, il suffira de savoir que la chaudière du raffinage doit avoir un tiers plus de capacité que le volume à y raffiner. Pour cela on compte qu'un kilogramme de suif occcupe à peu près l'espace d'un litre ou d'une pinte ; et que, dans tous les cas, il vaut mieux qu'il y ait une partie vide dans la chaudière que d'être gêné pour le développement de l'ébullition, ou de voir le suif répandre pardessus les bords, au risque de mettre le feu.

Il vrai de dire, qu'en jettant un peu de suif non fondu, ou de l'eau froide, dans le liquide bouillant, ou bien en diminuant la vîtesse du feu, on peut calmer le mouvement de l'ébullition ; mais tout cela sont des soins, dont tout le monde ne sait pas toujours bien s'acquitter ; et si, dans les ateliers, dans les manufactures, on prenait un peu plus de précaution et de méthode ; si surtout, les appareils étaient montés avec un peu plus de prudence, on verrait bien moins d'incendies et autres événemens déplorables dont les annales des nations sont journellement remplies. Je me propose de publier bientôt les remarques que j'ai faites à cet égard, en parcourant dans ma vie les sommités des arts et des manufactures, où rien de ce qui intéresse la sûreté publique, la santé des artisans, les progrès nationaux de nos manufactures ne doit être étranger à tout homme qui possède des entrailles et un bon cœur.

Cependant, comme il est des épiciers dont le débit est très-petit, lesquels ne voudraient pas faire la dépense d'un fourneau et d'une chaudière de raffinage , il faut bien leur indiquer les moyens de se créer un laboratoire avec les pièces qui pour l'ordinaire se trouvent dans les moindres ménages.

Il est d'ailleurs des grosses maisons bourgeoises qui seront bien aise de faire fabriquer pour leur consommation une excellente chandelle qu'elles pourront se procurer à peu de frais.

C'est ainsi qu'on peut faire bouillir le suif avec l'eau et les sels , dans un vaste chaudron sur un feu *très-modéré*. Ce chaudron doit être d'une contenance d'un tiers de plus que la matière à chauffer , afin d'éviter qu'il s'en répande dans le feu pendant l'ébullition où le liquide gonfle considérablement, à l'instant où les écumes se coagulent.

Quand le suif cesse de fournir des écumes, et comme il a été dit ci - dessus , on transvase le tout, tout bouillant dans une *tinette* en bois très-propre qu'on destine à ce seul usage.

Cette tinette, faite exprès, doit être beaucoup plus profonde que large et avoir un *robinet* de placé à une assez grande distance du fond pour que l'eau ne puisse jamais couler avec le suif, quand on soutire celui-ci.

On laisse assez long-temps reposer le suif raffiné mais il faut avoir l'attention de le soutirer avant qu'il commence à crêmer, c'est-à-dire, qu'il commence à faire voir qu'il tarderait peu à figer.

Dans cette dernière circonstance , on mesure dans *le fond* de la tinette la quantité d'eau qu'on veut faire servir : une aussi simple précaution préservera toujours la chandelle de claquer ou de crépiter par la présence d'un peu d'eau. Je répète que ceci est très-important, et que tout ce qui a été dit pour le rafinage en grand , doit être ponctuellement exécuté dans l'opération en petit.

On pourra *échauffer* la tinette avec de l'eau

bouillante qu'on laisse dedans, dans le temps que le suif est encore sur le feu. Cette chaleur préalable, de la tinette favorise encore la dépuration du suif pour donner à la chandelle l'aspect de l'*ivoire* ou de la porcelaine la plus blanche.

Les fabricans de chandelle, qui ont pour eux l'expérience, se sont aperçu, en lisant ce manuel, que les moyens de raffinage qui y sont proposés, sont des plus complets et des plus puissans. En effet, dans les arts comme dans les sciences, il ne faut jamais se présenter avec de *demi-mesures*, ou avec un *simulacre d'action*; il faut que tout soit relatif, autrement point de bon résultat. On nous pardonnera la comparaison suivante qui sera utile à plusieurs.

Si les bains anti-phlogistiques, (anti-maladifs) que nous avons offerts pour la guérison des dartres et des rhumatismes, n'avaient eu pour élémens constituans, des moyens larges, pleins, entiers, et surtout très-naturels, ces bains n'exerceraient pas une aussi grande influence sur la santé des hommes. Rien de plus puissant que la voie directe et le concours des congénères.

Avec nos bains anti-phlogistiques, les médecins remplacent aujourd'hui une foule de drogues incendiaires, de purgations et de sang-sues, sans toutefois les exclure. Mais nos chandelles raffinées peuvent exclure les chandelles brutes, les huiles fumantes, et le gaz suffocant, dont la lumière irrite les yeux. Elles peuvent épargner de grandes dépenses en bougies, dont la qualité laisse beaucoup à désirer, quoique le prix en soit toujours très-élevé. Je publierai bientôt les moyens de raffiner la cire.

MÈCHES A CHANDELLES.

C'est entendre bien mal les intérêts réels et généraux d'une branche de commerce, que de la dégrader journellement par une parcimonieuse économie dans les choses les plus décisives. En effet, que penser de ces mauvais cotons, d'une laine grossière, courte, impure, bise et pourrie, avec laquelle on fait des mèches défectueuses, qui ajoutent encore à la défectuosité des suifs impurs ? Il en résulte que le consommateur se dépite, ne voyant jamais clair avec de mauvaise chandelle, il essaie alors des quinquets ou du gaz hydrogène, car la bougie n'est encore que le partage du riche ; heureux encore quand elle est bonne parfois.

Il entre si peu de coton dans une livre de chandelle, qu'il n'y a pas à balancer sur le choix. D'ailleurs, dès l'instant qu'on mettra dans le commerce une chandelle digne de l'approbation publique, on verra bientôt cette chandelle être préférée à l'huile, au gaz hydrogène, et par économie, à la bougie. La chandelle raffinée sera une très-bonne branche d'exportation.

Le *coton d'Amérique, longue soie*, blanc et fin, mêlé avec un sixième en poids de *fil blanc de Cologne*, formeront d'excellentes mêches, qui auront le mérite de n'avoir pas besoin d'être mouchées. Cette commodité sera le résultat de la pureté du suif et de la finesse des mêches. On peut alors, et à juste titre, leur accorder le nom de *Chandelles raffinées de Prosper*, pour les distinguer de ces chandelles bougies-bâtardes, économiques, diaphanes, brévetées, avec lesquelles elles n'ont rien de commun, ainsi que l'expérience le prouve.

Il est impossible de préfixer la quantité de fils de coton et de fils de Cologne qui doivent entrer dans la confection des mèches; cela doit varier selon la grosseur de ces fils, la grosseur des chandelles, la qualité du suif, celle des matières qui servent à former les mèches, ainsi qu'au volume de lumière qu'on veut obtenir. Les fils étant menus, il faut en augmenter le nombre. Veut-on

faire de la chandelle à la baguette , il faut ra-
fraîchir la coupe avec une bonne paire de ciseaux
fins. Pour cela, on en égalise , entre les doigts,
cinq à six à la fois. Il faut les préserver de l'action destructible de la poussière et de l'air ,
ayant soin de les renfermer dans du linge ou dans
du papier.

On essaie encore journellement d'imprégner
les mèches avec des substances inflammables ,
pour avoir un plus bel effet de lumière : rien ne
saurait convenir mieux qu'un bon choix d'un coton
à longue soie d'Amérique. Il est bon d'avoir des
mèches taillées et épluchées à l'avance. Quand
on taille les mèches , il faut avoir les mains bien
lavées avec du *savon blanc*.

Le coton à longue soie , de l'Amérique méri-
dionale , ainsi que nous l'avons déjà dit , est le
meilleur et le seul qui doive entrer dans la confection des mèches : ce coton donne une lumière
très-vive , claire , et surtout très-favorable à la
conservation de la vue ; il ne produit que très
peu de charbon.

Cet excellent coton étant intercalé avec des

fils de Cologne, présente beaucoup d'accès à l'air
atmosphérique ; et celui-ci, par la vertu de son
oxigène, convertit la mouchure en une efflores-
cence blanche, fine et légère, qui disparaît in-
cessamment.

MANIÈRE

DE

FABRIQUER LES CHANDELLES.

Il est mille autres soins consacrés par nos pères :
Ne dédaigne donc point ces préceptes vulgaires.
Virgile.

CHANDELLES MOULÉES.

Un *métier à chandelles*, est une carcasse en planche de frise de bois de chêne : elle présente deux panneaux et quatre traverses ; les panneaux en forment les extrémités. Ils sont composés de deux montans et de deux petites traverses d'assemblage : la hauteur est de trente-six pouces, la largeur de trente pouces. La longueur des quatre grandes traverses dépend de celle qu'on veut donner au métier. On en fait depuis deux

pieds jusqu'à douze de longueur. Les quatre traverses portent à leur extrémité des tenons pro-
longés, qui traversent dans les mortaises des
montans, et présentent encore de l'espace où
sont percés deux trous, pour y mettre des che-
villes de bois, qu'on appelle rasoirs ; leur effet
est de serrer fortement. Ainsi, un métier à chandelles est un carré long et régulier.

On peut mettre un fond mobile en planches
minces, au bas d'un métier à chandelles ; mais
cela est à peu près inutile : car, avec un peu
d'attention, on ne répand point de suif ; et si
parfois il en tombe, ce suif doit retourner au raffinage, pour y laisser les ordures ; dès-lors, autant vaut le ramasser à terre.

C'est sur ce métier qu'on pose transversale-
ment les baguettes ou les planches qui contien-
nent des moules.

Ces planches n'ont rien du tout de remarquable, si ce n'est qu'elles sont bien propres,
percées de trous pour recevoir les divers moules,
et qu'elles sont toutes libres et isolées, c'est-à-
dire, mobiles.

On fait des *moules à chandelles* avec toutes sortes de métaux : les meilleurs sont ceux d'étain. Ceux qui les fabriquent y mêlent du plomb en diverses proportions ; il serait mieux qu'ils n'en missent point du tout. On vend les moules des six :   francs   cent. ; ceux des huit,   francs   centimes ; ceux des seize , courtes ,   francs   centimes.

Une enfilette ou aiguille à enfiler les mèches dans les moules , est une tige de fil de fer , qui d'un bout est terminée par une courbure qui représente le bec d'un canard ; c'est dans ce crochet qu'on dépose la mèche par la boucle ; l'autre bout de la tige est tourné en forme d'anneau , assez ouvert pour y passer un ou deux doigts.

Un bon procédé pour accélérer le travail, c'est d'enfiler les mèches dans les moules pendant le jour et de couler tous les soirs avant de se coucher. Presque toujours le lendemain matin on peut tirer et continuer ainsi une ou deux coulées ou voltes par jour.

Rien n'est plus simple et plus facile que de faire la chandelle au moule et à la baguette ; les femmes s'en acquittent tout aussi bien que les hommes. J'ai vu madame veuve Huyet, ma chère tante, faire cinq à six cents livres de chandelles par jour. Il est vrai que son mari qui fut mon professeur, était le plus habile fabricant de chandelle d'Europe.

Il y a deux extrêmes à éviter dans la chaleur du suif qu'on veut couler dans les moules : trop chaud, il filtre par le bas à travers la mèche, et les moules se vident ; trop froid, il présente un aspect gréseleux qui nuit à son application sur la surface du moule ce qui forme une multitude de petits trous et donne à la chandelle l'aspect que présente le fromage de gruyère dans sa coupe.

On ouvre portes et fenêtres avant de couler, mais on les ferme aussitôt qu'on a coulé, si c'est par un temps très-froid, car un refroidissement trop prompt fait fendiller la chandelle de toutes part, surtout quand il gèle.

A mesure qu'on coupe la chandelle pour la séparer du *culot* d'étain, il faut, avec le doigt indicateur de la main droite essuyer la coupe, pour faire tomber les molécules de suif et *lisser* la coupe, afin que ces brisures ne défleurent point la chandelle dans les caisses ou paquets.

Il est superflu de dire que l'ouvrier doit avoir les mains propres et son atelier dans le plus grand luxe de propreté. Jamais une goutte de suif ne doit se rencontrer nulle part ni même une tâche à ses habits. Tout vient des habitudes bonnes ou mauvaises. Un homme négligent ou négligé ne sera jamais qu'un mauvais artiste, un ouvrier médiocre.

Quand les chandelles sont sorties des moules, on peut couper le superflu de la mèche et n'en laisser qu'une petite rosace nécessaire pour l'allumer. Ces rognures gardées peuvent servir pour des ouates.

Pleins ou vides, les moules seront constamment tenus couverts et abrités de la poussière avec une toile cirée, ou des feuilles de papier, ou des planches très-minces.

Il arrive souvent que dans les chandelles moulées, on trouve la mèche sur le côté au lieu

qu'elle devrait être au centre. On prévient cet
inconvient en tirant un tant soit peu la mèche
au bas du moule, dès l'instant que le suif commence à figer. Quand un ouvrier a beaucoup de
moules à emplir : il fait tirer exactement toutes
les mèches par un aide.

CHANDELLES A LA BAGUETTE.

Les ustensiles pour faire la chandelle à la baguette sont les suivans :

Un grand bassin en cuivre rouge étamé ;

Un trépied en fer ;

Une braisière en fer de fonte ;

Une forme ;

Deux potences ;

Des baguettes ;

Deux rouloirs ;

Une cuiller ;

Un grand couteau.

Le *bassin* est un vaisseau de forme ronde très-large et peu profond, le rebord arrondi et garni d'un cercle en fer. J'ignore l'utilité d'un rebord plat et horizontal. La largeur est de trente-six pouces, la profondeur dix-huit pouces. On brasse les pièces et on étame à l'étain fin. Il faut employer du cuivre de 20 à 25 livres la feuille. Le fond est plat, et tous les angles de 90 degrés ou du quart de cercle.

Les ouvriers qui travaillent à la chandelle plongée sont exposés à être incommodés, même asphyxiés par la vapeur du charbon qu'ils brûlent sous le bassin qui sert à ce travail. Cependant rien n'est plus facile que de disposer différemment et la forme du bassin, et les parois qui l'entourent, de manière que la vapeur du charbon n'entre point du tout dans l'atelier où l'on travaille.

Une maçonnerie très-mince, un tuyau en tôle qui porte le gaz acide carbonique au dehors, sont des choses connues de tous les fumistes, et qu'il faut faire pratiquer pour prévenir les accidens.

Le *trépied* en fer carré d'un pouce à quinze lignes, aura des pieds de même force, et de douze pouces de haut. Son diamètre sera inférieur d'un pied à celui du bassin qu'il supporte : il aura deux pieds d'ouverture.

La *braisière* est une sorte de poêle en fer fondu, dans laquelle on met du charbon allumé, pour fondre et entretenir fondu le suif, pendant qu'on plonge les mèches : un petit fourneau quelconque peut également en remplir les fonctions. L'essentiel est de pouvoir en modifier le feu à volonté.

Le charbon qu'on y met doit avoir été allumé au foyer.

La *forme* est une boîte ayant la disposition d'un carré long, étroit, et surtout très-profond. On la pose dans l'intérieur du bassin : c'est dans sa cavité qu'on plonge les mèches pour les charger de suif. On donne à cette boîte six pouces de large, vingt-quatre pouces de long, et trente pouces de profondeur.

Sur l'un de ces grands côtés sont des crampons posés à vis ; dans ces crampons viennent se fixer deux potences en fer.

On fait ordinairement cette forme avec des planches de noyer ou de hêtre , bien jointoyées et clouées avec des clous d'épingle.

Son bord supérieur est recouvert avec des bandelettes de forte tôle , fixées avec des vis à tête, fraisées.

Sur chacun des deux petits côtés du bord supérieur, on cloue un tasseau de quatre lignes d'épaisseur. L'usage de ces tasseaux est de servir à recevoir les baguettes , afin que , pendant qu'on imprime les mèches , elles ne descendent point dans le suif jusqu'à rase des baguettes ; puis on a encore une autre paire de petits tasseaux de même épaisseur , mais qui sont mobiles ; nous en démontrerons l'usage ailleurs.

On conçoit que la forme pour contenir le suif fondu doit être parfaitement bien fermée dans toutes ses jointures.

On y parvient aisément à l'aide de la colle forte , du mastic , etc.

On a donné à cet instrument le nom d'*abîme* , à cause de sa profondeur remarquable.

On attache à ces petits côtés, et à six pouces du bord supérieur des anses ou poignées, pour l'enlever.

Les *potences* sont deux branches de fer rond ou carré, ayant la forme d'un angle droit ou d'un (7); elles se rapportent et se fixent à la forme. Leur usage est de servir à reposer trois ou six baguettes chargées de chandelles.

La branche perpendiculaire aura quinze pouces d'élévation, non compris ce qui entre dans les crampons. A cette branche est un *salon* de repos pour les arrêter.

La branche horizontale, terminée par un petit crochet tourné en haut, pourra avoir dix pouces d'étendue.

On a déjà dit que ces potences étaient mobiles.

Les *baguettes* se font en bois de chêne ou de sapin, scié et arrondi à la varlope, bien unies et polies.

Ces baguettes doivent être parfaitement droites et tenues dans la plus grande propreté. Il faut souvent les laver à l'eau seconde, et les frotter avec une grosse toile, afin qu'elles ne salissent point les mèches.

Il n'est pas nécessaire qu'elles aient un bout pointu. La longueur doit être régulière et réglée à trente-six pouces.

Les *rouloirs* ou plate-formes sont deux planches très-unies et polies, entre lesquelles on roule les mèches quand elles ont reçu une première trempe, afin de les dresser le mieux possible.

Ces planches portent un pied de long, dix pouces de large, et quatre lignes d'épaisseur. On voit qu'elles sont aussi minces que légères. On attache sur l'un de leurs côtés un morceau de cuir en forme de coulant, pour y passer la main, et les tenir comme des timballes. Les bois de noyer, celui de pommier sont bons pour former ces rouloirs.

Le point essentiel est qu'ils présentent une surface régulièrement plane, unie et très-droite, et qu'on entretient telle en les posant à plat, chargées d'un poids quelconque.

Pour faire les chandelles plongées, on met sur chaque baguette un nombre égal de mèches : on espace ces mèches de sorte qu'il y ait entre elles un vide de quinze à dix-huit lignes. On garnit ainsi un nombre de soixante, quatre-vingts, cent baguettes. Il est bien entendu que toutes ces mèches ont été préalablement épluchées, et la coupe rafraîchie, ce qu'on nomme impropre- ment effilées.

Le suif est fondu dans le bassin ; sa chaleur est de quarante à quarante-cinq degrés : on en remplit la forme , et on place les potences.

On prend , des deux mains , trois baguettes qu'on intercalle par les deux doigts indicateurs et du milieu ; on couche les mèches sur la surface du suif dont la forme est remplie ; on les relève pour les coucher sur la face opposée : les mèches s'imbibent et descendent dans la forme pour s'y pénétrer entièrement. On enlève les trois ba- guettes à la fois , pour les mettre égoutter sur les potences : pendant qu'elles égouttent, on plonge de la même manière trois autres baguettes ; et, tandis que celles-ci trempent, on rapporte les trois premières, et ainsi du reste.

Faites bien attention que pour cette fois on ne plonge les mèches qu'une seule fois.

Ce premier plongeon s'appèle *imprimer* : il exige beaucoup plus de chaleur dans le suif que pour les autres couches.

Mais à peine a-t-on fini d'imprimer qu'il faut rouler toutes ces mèches entre les rouloirs, pour les dresser et les unir ; si on tardait plus long-temps, le suif se durcirait, et ne permettrait plus d'appliquer cette régularisation. Cependant on ne peut pourtant pas la faire trop tôt, car le suif étant trop pâteux et trop mou, encrasserait les rouloirs qui doivent toujours être nets : il y a donc un temps propre que vous étudierez vous-mêmes.

Pour rouler commodément, on place une seule baguette de ces mèches, à hauteur des épaules, dans un trou fait exprès, qu'on a percé dans le mur ; de l'autre bout, cette baguette est suppor-tée par une grosse ficelle suspendue au plafond.

On se place en face du profil de la baguette ; ou pince un certain nombre de mèches entre les rouloirs ; puis, d'un petit coup de main, l'une en avant, l'autre en arrière, dans le sens de la torse de la mèche, ces mèches roulent entre ces deux plates-formes, et se dressent parfaitement ; toutefois quelques jours de travail seront plus instructifs que ma plume. Certaines mèches portent des imperfections qu'il faut aussi quelquefois corriger à la main, et n'en souffrir aucune quelque petite qu'elle puisse être.

De l'opération du roulage dépend absolument la bonne façon et la régularité des chandelles plongées. Ainsi, il faut s'appliquer à acquérir toujours plus d'habileté dans ces travaux préliminaires, car il est très-agréable pour un fabricant de chandelles, qui a de l'intelligence et du débit, de pouvoir former en peu de temps, et dans toutes les saisons, d'immenses quantités de chandelles. D'ailleurs, l'expérience prouve que la chandelle à la baguette est meilleure que la moulée ; et quand on sait bien travailler, on peut en faire de fort belles.

Les mèches étant ainsi imprimées et roulées,

on diminue beaucoup la chaleur du suif : on le
ramène à cet état où il crème à la surface de la
forme ; on y plonge, par poignée de trois baguettes à la fois. Chaque poignée est plongée
deux fois avant d'être reportée sur le métier.

Pour imprimer il ne doit y avoir que les tasseaux
fixés, afin que les mèches descendent davantage ; mais pour la seconde couche, et pour
toutes les autres, hors la dernière, il faut mettre
les deux autres petits tasseaux, en les plaçant
sur les premiers ; on les y colle avec un peu de
suif.

La forme étant ainsi remplie, on plonge d'un
seul trait la poignée de baguettes ; on les y laisse
un quart de minute ; on les élève jusqu'à ce
qu'elles en soient aux deux tiers sorties ; puis on
les renfonce tout-à-fait, pour les enlever entièrement, et les mettre égoutter sur la potence :
cependant la majeure portion qui découle doit
tomber dans la forme.

Tandis que cette poignée s'égoutte sur les potences, avec une grande cuiller on remplit la
forme, on mêle ; puis on reporte cette poignée

sur le métier , pour en rapporter une autre , et ainsi de suite pour la totalité.

Cette couche étant donnée , on en applique une autre , et on recommence jusqu'à ce que les chandelles soient assez lourdes pour peser presque le poids qu'on s'est proposé de leur donner.

Dans cette façon de chandelles il y a deux défauts à éviter , savoir : qu'elles ne soient pas trop effilées par le haut , ni trop grosses par le bas. C'est pour les garnir par le haut qu'on fait demi-plongeon , en ne sortant pas tout-à-fait les chandelles à la première ascension : il n'y a que les portions supérieures qui reçoivent l'action de l'air pour favoriser la charge.

La manière de plonger avec avantage est une opération qui exige bien du discernement , afin que depuis le commencement jusqu'à la fin , les chandelles conservent la forme d'un cylindre très-régulier.

Pour y parvenir il faut que la forme soit à chaque plongée remplie d'un suif très-peu chaud et régulièrement fondu et mêlé. Si le suif n'était point assez fondu les mèches se chargeraient de flocons de graisse qui les rendraient difformes. Si au contraire le suif était trop fondu et un peu trop chaud, les mèches ne se chargeraient pas assez, et le travail serait d'une lenteur insupportable. Il faut donc se faire une étude d'appliquer les règles générales que nous avons décrites.

On parvient à les dégrossir du bas au moyen d'un mouvement des bras qui fait que le bas des chandelles en quittant le suif y est en quelque sorte lavé. Ce mouvement de forme circulaire qu'on imprime à toutes les chandelles et à chaque plongée et en sortant, fait quelles conservent la forme cylindrique, de même qu'on parvient encore très-bien à arrondir la tête des chandelles en appuyant des deux bras sur les extrémités des baguettes *à l'instant* où les chandelles sont entièrement plongées. Par ce mouvement de balancement, l'extrémité supérieure de toutes les chandelles sort un peu du suif, se refroidit et se recharge aussitôt que la pression cesse.

Nous avons dit que pour charger il fallait un suif *gréseleux*, très-peu chaud. Mais quand les chandelles ont acquis plus des deux tiers de leur poids, il faut ranimer le feu et rendre le suif plus lissé en augmentant graduellement jusqu'à la dernière couche qui se donne toujours dans un suif très-chaud.

Avant que de donner cette dernière couche, il faut couper *horisontalement* le bout pointu et effilé qui se trouve au bas de chaque chandelle. On appelle cela *rogner*.

Pour rogner on pose une baguette sur les potences, on passe la main gauche étendue derrière les chandelles pour en soutenir quatre à cinq, et avec un long et large couteau, on abat les petits cul-de-lampes qui tombe dans le bassin. On change de baguette jusqu'à la fin.

Les chandelles étant ainsi rognées on ôte le suif de la forme et du bassin pour en mettre du nouveau et du plus beau possible, on le fait chauffer aussi haut que pour imprimer. C'est-à-dire de quarante à cinquante degrés, mais pas plus.

Il faut ôter les deux petits tasseaux afin que les chandelles descendent davantage, et se couvrent, se lavent et se lissent entièrement : c'est en quelque sorte le vrai vernis.

Dans cette immersion finale , il ne faut pas faire de réserve du tiers dans l'ascension comme on le faisait précédemment : on plonge sucessivement et consécutivement *deux fois* avec une sorte de promptitude et de dextérité : car c'est cette dernière main qui achève et embellit la chandelle ; rarement on la laisse faire aux apprentis.

En terminant les chandelles à la baguette il faut soigner le feu et bien régulariser le degré de chaleur du suif.

Quand ces chandelles sont finies il faut bien fermer le laboratoire pour qu'elles ne se refroidissent que le plus graduellement possible : autrement elles se fendent et tombent en lambeaux. De même qu'en travaillant il faut éviter les courans d'air qui courberaient toutes les mèches.

Quand ces chandelles sont refroidies, on les défile pour les mettre dans une caisse propre garnie de papier, et recouverte jusqu'à ce qu'on les mette en paquets.

On fait, de la même manière, des chandelles de toutes les grosseurs et de toutes les longueurs selon les besoins.

La poussière qui altère tout nuit particulièrement aux chandelles, il faut donc, dès qu'elles sont faites les mettre en paquets de cinq livres ou d'une livre selon l'usage de l'endroit. Le poids doit toujours y être non compris le papier car c'est une honteuse supercherie que de frauder les consommateurs. Cet abus fut porté si loin qu'il ne fallut rien moins qu'une ordonnance du Roi pour obliger certains fabricans de chandelles à donner le poids, sous peine d'amende.

On doit donner la préférence au *papier lisse bleuté*, et de bonne qualité.

Chaque paquet qui contiendra de la chandelle, faite d'après les procédés décrits dans ce mémoire, devrait être garni d'une étiquette imprimée portant le nom et la demeure du fabricant, ainsi que le poids de ce qu'il contient, à quoi on ajouterait la dénomination de *Chandelles raffinées* ainsi que *l'épigraphe* qui est en tête de ce livre, attendu qu'il est de toute équité que le consom-

mateur donne la préférence aux fabricans cons-
ciencieux qui livrent de bonne foi : mais pour
cela il faut une démarcation qu'on a intérêt de
rendre aussi apparente que possible , afin que le
public ne confonde point cette chandelle avec
la chandelle brute qui doit disparaître du commerce , comme étant nuisible.

Ce fut une grande maladresse que d'avoir porté la chandelle à un *prix de façon* trop modique
et d'avoir cherché à se dédommager sur le poids
des paquets. On devait bien s'attendre que le
gouvernement du roi ne tolérerait point cette action frauduleuse et indigne.

Il semble qu'on doit assez généralement caser
les prix ainsi qu'il suit par livre ou demi-kilo.

Pour la fonte en branche. . . . . . 10 cent.

Mèche, raffinage et façon 15

Bénéfice de l'épicier. 5

Ensemble 30 cent.

Ainsi , en ajoutant six sous par livre au prix

de la graisse en branche il est facile d'établir partout le cours de la chandelle.

On est assez dans l'usage de se prévaloir de brevet d'invention pour jouir exclusivement du fruit de ses découvertes. Nous avons préféré l'utilité générale , à notre intérêt particulier ; imitant en cela beaucoup de personnes estimables qui en usent de la sorte.

Nous accueillerons toutes les observations qui nous seront faites pour les progrès de cette vaste branche de commerce et nous répondrons avec empressement aux renseignemens qui nous seront demandés.

FIN.

TABLE

DES MATIÈRES.

FIN DE LA TABLE.